AF255479

PACHAMAMA

il sussurro di Madre Terra
the whispering of Mother Earth

Luz Amparo Osorio

artwork by Federica Sgambaro

Questo libro è dedicato a tutti i figli della Pachamama
alla quale vanno i miei piu grandi ringraziamenti.

*This book is dedicated to all of Pachamama's children…
to whom I owe my deepest gratitude.*

"Pachamama,
ma perché piangi?"

"Bimbo bello
piango perché stanno togliendo l'aria dai miei polmoni,
piango perché mi stanno avvelenando il sangue,
piango perché mi stanno ferendo e mi fa molto male."

"Pachamama,
Why are you crying?"

"Beautiful child
I'm crying because they're taking the air out of my lungs,
I'm crying because they're poisoning my blood,
I'm crying because they're mistreating me, and it hurts a lot."

"Ma Pachamama...
Dimmi chi?
Chi ti sta facendo tutto questo?"

"But Pachamama...
Tell me, who?
Who is doing this to you?"

"Bimbo mio,
sono gli uomini e le donne di tutte le razze
a farmi questo grande male."

"My child,
all men and women of all races
are causing me this great pain."

"Ma Pachamama, Pachamama
Perché? Dimmi perché lo stanno facendo?"

"But Pachamama, Pachamama…
Why? Tell me why they are doing this."

"Il perché vuoi sapere, bimbo bello?
Perché hanno dimenticato l'insegnamento originario,
hanno dimenticato la loro appartenenza al Creato."

"Oh Pachamama, queste sono parole difficilissime."

"You want to know why, my sweet child?
Because they have forgotten the original teaching,
they have forgotten that they are part of Creation."

"Oh, Pachamama, these are very difficult words."

"Cosa vuol dire "l'insegnamento originario"?
È forse come il catechismo?
O come l'abc che dobbiamo imparare in prima elementare?
Cosa vuol dire "l'appartenenza al Creato"?
É qualcosa che fa venire l'appetito?"

"What does "the original teaching" mean?
Is it like catechism?
Like the ABC's we have to learn in first grade?
What does "belonging to Creation" mean?
Is it something that gives you an appetite?"

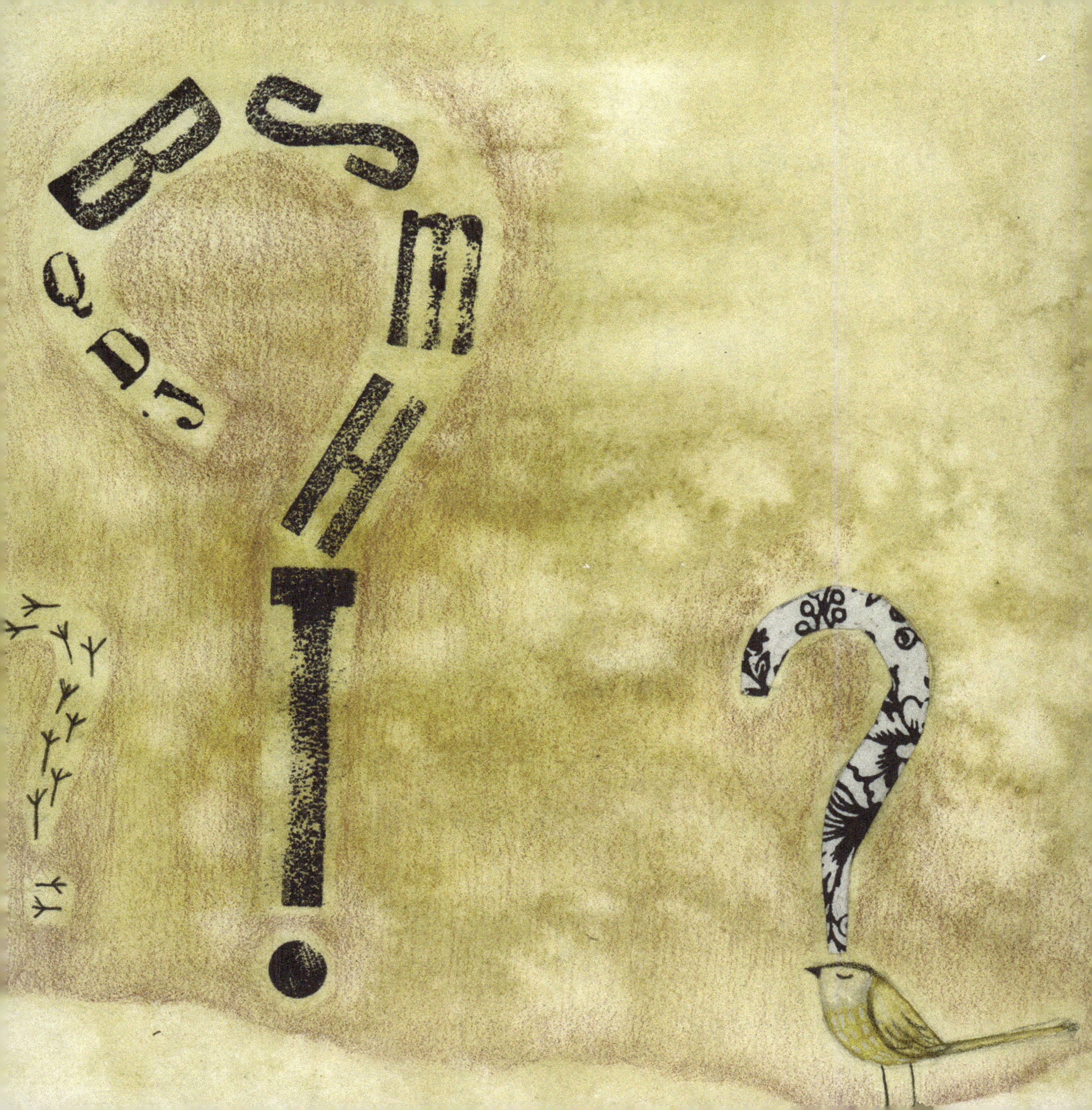

"Bimbo bello, hai ragione,
ora te lo spiego in parole semplici:
"l'insegnamento originario" è il canto che cantai
alla prima alba e che mai ho smesso di cantare"

"Dear child, you are right,
Let me put it to you in simple terms:
"The Original Teaching" is the song I sang
at the first sunrise, and that I have never stopped singing"

“È il canto che tu senti in fondo al tuo cuore,
ed è per questo motivo che mi sei venuto a parlare;
il mio canto parla dell’ appartenenza al Creato.

È un inno alla vita che vuole lodare ogni essere sulla Terra,
ogni forma di vita sulla Terra,”

“*it is the song you hear deep in your heart,
which is why you came to talk to me;
My song is about belonging to Creation.

It is a hymn to life, cherishing every being on Earth..,
every form of life on Earth,*”

"sapendo che ogni forma di vita sulla Terra
è in perfetta armonia con il tutto,
con 'il tutto' che è un cerchio
senza inizio e senza fine,"

"knowing that every form of life
is in perfect harmony with the whole of everything,
with 'the whole' being a circle
with no beginning and no end,"

"il tutto che è il mio canto
che viene sussurrato dalle foglie degli alberi
che viene cantato dagli uccelli
che viene raccontato dai monti e
che puoi percepire nel silenzio."

"all of this is my song
whispered by the leaves of the trees...
sung by the birds
that is told by the mountains and
that you can feel in the silence."

"Sapere di appartenere al Creato
è sapere che non sei mai solo.
Tu bimbo bello, ricordati:
non sarai mai solo!"

"To know that you are part of creation
is to know that you are never alone.
Remember, my beautiful child:
You will never be alone!"

"Gli alberi saranno i tuoi fratelli,
Le acque e le fonti le tue sorelle,
gli animali i tuoi amici e le tue guide.

Il sole, la luna, le stelle …
Non smettere mai di ascoltare col cuore
e in loro troverai sempre un amico."

"The trees will be your brothers,
The waters and springs will be your sisters,
The animals will be your friends and your guides.

The sun, the moon, the stars…
Never stop listening with your heart.
and you will always find a friend in them."

"Pachamama, che belle parole…
Mi sento scaldare il cuore.

Pachamama, dolce Pachamama,
dimmi, c'è qualcosa che posso fare per te,
per farti stare meglio?"

"Pachamama, what beautiful words…
So heartwarming.

Pachamama, sweet Pachamama,
Tell me, is there anything I can do for you,
to make you feel better?"

"Sì, bimbo bello,
Ricordare le mie parole
e anche quando i grandi ti diranno
che gli alberi non hanno voce,
che i sassi sono muti,
che i fiori non cantano,
tu non crederci,"

"Yes, precious one,
Remember my words
And even if the grownups tell you
that the trees have no voice,
that the stones are silent,
that flowers don't sing,
Do not believe that,"

"fai finta di aver capito
perché a loro piace così,
ma poi continua ad ascoltare il canto del tuo cuore
e quando sarai più grande
potrai dare manifestazioni del mio amore."

"Pretend to understand
Because they like it that way,
But then you keep listening to the song of your heart…
And when you are older
you can manifest my love."

"Sì, Pachamama… credo che farò così!
Pachamama, tu sarai sempre mia amica vero?
Posso sempre parlarti, ogni volta che voglio?"

"Certo bimbo bello
Puoi sempre venire a trovarmi
Io sono e sarò QUI
SEMPRE."

"Yes, Pachamama… I think I will!
Pachamama, you'll always be my friend, right?
Can I talk to you whenever I want?"

"Of course, my darling child.
You can always come visit me.
I am and will be HERE.
ALWAYS."

Luz Amparo Osorio nasce sulle Ande a 2000 mt in Colombia, poi viene adottata in tenera età da una famiglia dei Paesi Bassi.
La Pachamama l'ha tenuta nel suo abbraccio fin da quando era piccola.
Circa 25 anni fa, si trasferisce in Italia alle porte di Milano.
Con Edizioni L'Albero ha anche pubblicato la storia della sua vita in versi, *Il canto della donna libera*.
Luz è anche una delle 12 autrici del libro *13 donne per 13 lune*.
Attratta dal richiamo dei Monti Abruzzesi, dove vive attualmente, Luz danza al ritmo del canto della Pachamama che si può udire nettamente dalle cime dei monti fino al mare, dove le pietre diventano vele.

__Luz Amparo Osorio__ was born in the Andes at 2,000 meters in Colombia and adopted at a young age by a family from the Netherlands.
Pachamama has held her in her arms since she was a baby.
About 25 years ago she moved to Italy, to the outskirts of Milan.
With Edizioni L'Albero she also published her life story in verse, Il canto della donna libera (The Song of the Free Woman).
Luz is also one of the 13 authors of the book 13 Women for 13 Moons.
Attracted by the call of the Abruzzi mountains, where she currently lives, Luz dances to the rhythm of Pachamama's song, which can be clearly heard from the mountain peaks to the sea, where the stones become sails.

FEDERICA SGAMBARO in arte Asia Blu, nasce a Thiene (VI) nel 1984. Dopo essersi diplomata all'Accademia di Belle Arti di Firenze, termina un master d'illustrazione per l'infanzia a Padova. Frequenta dei corsi d'illustrazione alla scuola internazionale di Sarmede (TV) dove parteciperà alla mostra : "Le immagini della fantasia 29" con una sua opera. S'interessa poi all'utilizzo ed estrazione dei colori naturali, frequenterà dei corsi e viaggiando in Messico e Peru' arricchisce il suo percorso artistico. Ha collaborato a dei progetti di arteterapia nel carcere minorile di Treviso e da anni con "Storie Tintorie" tiene laboratori di arte naturale in diverse realtà.
Con Edizioni LAlbero sta anche realizzando un meraviglioso mazzo di tarocchi intuitivo.

FEDERICA SGAMBARO in art Asia Blu, was born in 1984 in Thiene (VI). After graduating from the Academy of Fine Arts in Florence, she obtained a master's degree in children's illustration in Padua. She attended illustration courses at the International School of Sarmede (TV), where she participated with one of her works in the exhibition "Images of Fantasy 29". Afterwards, she became interested in the use and extraction of natural colors, attending courses and traveling to Mexico and Peru, which enriched her artistic path. She has collaborated in art-therapeutic projects in the juvenile prison of Treviso and for years she has been organizing natural art workshops in different realities with "Storie Tintorie". With Edizioni LAlbero she is also producing a wonderful intuitive Tarot deck.

www.growingtreepublishing.com

www.ingramcontent.com/pod-product-compliance
Lightning Source LLC
Chambersburg PA
CBHW080914050726
47601CB00016B/249